Les nouveaux amis de Gilda la girafe

Chante avec nous 2

À mon papa
qui chante toujours dans mon cœur
Lucie Papineau

Texte : Lucie Papineau
Illustrations : Marisol Sarrazin
Musique originale :
Pierre-Daniel Rheault

Interprétation des chansons :
Lucie Papineau
Réalisation : Line Meloche

Catalogage avant publication de
Bibliothèque et Archives nationales
du Québec et Bibliothèque et
Archives Canada
Papineau, Lucie
Les nouveaux amis de Gilda la girafe
(Chante avec nous 2)
Doit être acc. d'un disque son.
Pour enfants.

ISBN 978-2-89512-761-1

I. Sarrazin, Marisol, 1965- . II. Titre.
III. Collection : Chante avec nous 2.

PS8581.A665N68 2009 jC841'.54 C2009-940445-1
PS9581.A665N68 2009

Directrice de collection : Lucie Papineau
Direction artistique et graphisme :
Primeau Barey

Version CD
Paroles et interprétation des chansons :
Lucie Papineau
Composition, direction et interprétation
musicales : Pierre-Daniel Rheault
Enregistrement et mixage : Stéphane Claude
(Studio Oboro)
Production déléguée et réalisation : Line Meloche

Dépôt légal : 3e trimestre 2009
Bibliothèque et Archives nationales du Québec
Bibliothèque et Archives Canada

Dominique et compagnie
300, rue Arran, Saint-Lambert (Québec)
Canada J4R 1K5
Téléphone : 514 875-0327
Télécopieur : 450 672-5448
Courriel : dominiqueetcie@editionsheritage.com

www.dominiqueetcompagnie.com

Imprimé en Chine

Nous remercions le Conseil des Arts du Canada de l'aide
accordée à notre programme de publication.

Nous reconnaissons l'aide financière du gouvernement du
Canada par l'entremise du Programme d'aide au développement
de l'industrie de l'édition (PADIÉ) pour nos activités
d'édition.

Nous reconnaissons l'aide financière du gouvernement du
Québec par l'entremise du Programme de crédit d'impôt pour
l'édition de livres — SODEC — et du Programme d'aide aux
entreprises du livre et de l'édition spécialisée.

Les nouveaux amis de Gilda la girafe

Chante avec nous 2

Dominique et compagnie

Le reel du poisson d'avril

Refrain :
Dans la mer il y a…
Des poissons-lunes
Des poissons-chats
Des poissons-scies
Des poissons plats
Requins-marteaux et caetera
Mais sais-tu qu'on y trouve aussi
Le poisson d'avril, hihihi !

Quand il s'agit de jouer
des tours
Poisson d'avril dit toujours oui
Poisson rouge son meilleur ami
Rougit à chaque facétie

Refrain

Quand il s'agit de jouer
des tours
Poisson d'avril dit toujours oui
Poisson-perroquet son ami
A le hoquet oh oui oh oui

Refrain

Quand il s'agit de jouer
des tours
Poisson d'avril dit toujours oui
Poisson volant son bel ami
Saute et sourit à l'infini

Refrain

1

Marmite la marmotte va raconter

Refrain :
Marmite est une marmotte
Qui aime bien les carottes
Mais par-dessus vraiment tout
Elle adore les petits bouts
d'choux

Chaque soir, c'est la même
histoire
Ses petits l'attendent dans
le noir…
Ils l'attendent dans le noir

Car Marmite va leur raconter
Un livre aux pages très bien
illustrées
Une belle histoire qui fait rêver
Une aventure pas terminée !

Refrain

Chaque soir, c'est la même
histoire
Ses petits l'attendent dans
le noir…
Ils l'attendent dans le noir

Car Marmite va leur raconter
L'amour d'un prince pour
sa dulcinée
La chevauchée d'un preux
chevalier
Une aventure pas terminée !

Refrain

Les petits petits petits
petits petits petits
petits… bouts d'choux !

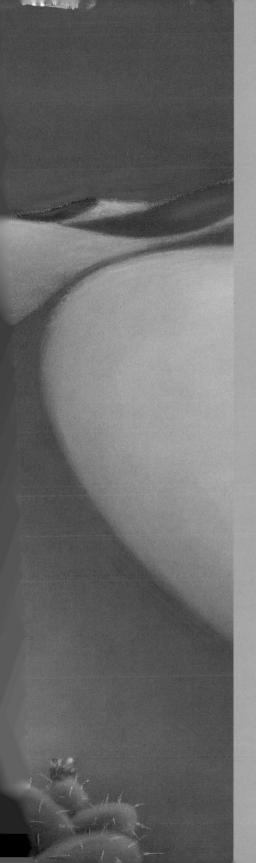

Chambellan le vrai chameau

Refrain :
Chambellan est un vrai chameau
Qui vit des aventures à gogo
Du fond du désert jusqu'au pôle
Nord
C'est lui le plus fort, oui, le plus
fort !

Chambellan est un vrai chameau
Et les chameaux n'ont pas
besoin d'eau
Ils ont parfois besoin d'un câlin
Pour ça, y a leurs amis les
pingouins

Refrain

Chambellan est un vrai chameau
Et les chameaux sont vraiment
très beaux
Surtout ceux qui ont le poil
bien frisé
Comme de gros moutons
apprivoisés

Refrain

Chambellan est un vrai chameau
Et les chameaux n'ont jamais
de bobo
Enfin s'ils en ont, personne ne
le sait
C'est comme ça pour tous les
aventuriers !

Refrain

Refrain

C'est lui le plus fort, oui,
le plus fort !

Éloi l'éléphanteau dompteur de souris

Refrain :
Éloi l'éléphanteau teau teau
teau teau
De tous ses amis est le vrai
héros
C'est qu'il sait dompter les
petites souris
Même s'il a très peur et se
met à crier : Hiiiiiiiiiiiiiii !

Les éléphants ont peur des
souris
C'est une vraie de vraie maladie
Heureusement ils n'ont pas peur
la nuit
Quand il fait noir ils sont tous
endormis…

Refrain

Les éléphants ont peur des
souris
Alors que les souris ont peur
du bruit
Quand Éloi commence à pousser
son cri
Toutes les souris se cachent
sous le lit

Refrain

Les éléphants ont peur des
souris
Mais pas quand elles sont
cachées sous le lit
Elles sortiront quand ce sera
la nuit
Tout le monde dormira et Éloi
aussi

Refrain

Même s'il a très peur et se met
à crier : Hiiiiiiiiiiiiiii !

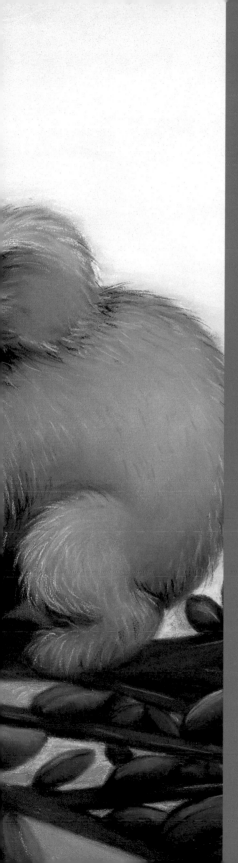

Kiki le gentil koala

Refrain :
Kiki le koala
Est le plus gentil des amis
Kiki le koala
A le cœur sur la main, eh oui
Kiki le koala
À tout le monde, chaque matin
sourit
Kiki le koala
Est le plus gentil des amis

Girafes, pandas et ouistitis
Peuvent toujours compter
sur Kiki
Poissons d'avril ou oiseaux
bleus
Il est pour eux si merveilleux

Refrain

Qu'on s'appelle Roméo
ou Juliette
Kiki nous fait toujours la fête
Qu'on ait très peur ou bien
qu'on pleure
Il nous console pendant des
heures

Refrain

Les araignées peuvent pas se
tromper
Kiki est prêt à tout donner
Pour lui elles feraient la même
chose
Et lui offriraient la plus belle
des roses

Refrain

Refrain

Timothée le tigre au grand cœur

Il est beau, il est grand, il est fort
Il rugit avec une voix de stentor
Il n'a peur ni des bois ni des
chasseurs
Et il bondit comme un vrai tigre
à moteur

Mais à la moindre occasion…

Refrain :
Timothée le tigre
A le cœur qui fond
Qui fond comme un glaçon
Sous un soleil de plomb
Timothée le tigre
A le cœur qui fond
Qui fond comme un bonbon
Dans la bouche d'un glouton

Il est rayé, oui, de la tête
aux pieds
Il est musclé des orteils
jusqu'au nez
Il peut courir sans jamais
s'arrêter
Sur ses quatre pattes à chaque
fois retomber

Mais à la moindre occasion…

Refrain

Il est poilu mais pas du tout
ventru
Il escalade les montagnes
pointues
Il est plus malin que les autres
félins
Qui ronronnent chaque fois
qu'on leur fait un câlin…

Mais à la moindre occasion…

Refrain

Timothée le tigre
A le cœur qui fond
Qui fond comme un glaçon
Sous un soleil de plomb
Timothée le tigre
A le cœur qui fond
Comme un petit chaton qui se
met à faire ronronron

Lancelot le drôle de léopard

Un léopard nommé Lancelot
Part à la chasse aux asticots
Fait la rencontre d'un gros rhino
Des demoiselles devient le
héros…

Lancelot, Lancelot
Rien ne l'arrête dans sa quête
Lancelot, Lancelot
Pour un héros y a rien de
trop beau

Un léopard nommé Lancelit
Part à la chasse aux pissenlits
Trouve un chou-fleur épanoui
Les demoiselles en sont ravies…

Lancelit, Lancelot
Rien ne l'arrête dans sa quête
Lancelit, Lancelot
Pour un héros y a rien de
trop beau

Un léopard nommé Lancelat
Part à la chasse aux cancrelats
Revient avec un dragon sous
le bras
Les demoiselles en sont babas…

Lancelit, Lancelat
Rien ne l'arrête dans sa quête
Lancelat, Lancelot
Pour un héros y a rien de
trop beau

Un léopard nommé Lancelut
Part à la chasse à la morue
Serait-il un hurluberlu ?
Les demoiselles sont
confondues…

Les demoiselles sont
confondues…

La berceuse de Sumo le souriceau

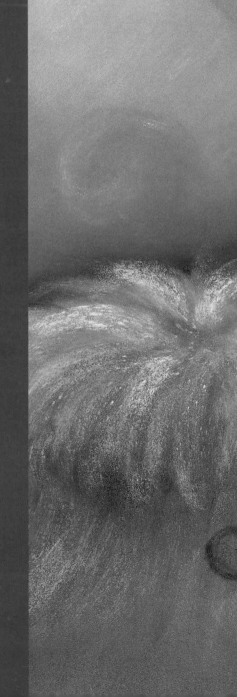

Refrain :

Il était un souriceau
Qu'on appelait petit Sumo
Quand venait l'heure du dodo
Il rêvait de beaux fromages
Chaque soir, loin de sa cage
Chaque soir, loin de sa cage

Des fromages aux trous bien
ronds
Des fromages au goût si bon
Des fromages à pâte bleue
Oui vraiment, c'est merveilleux

Refrain

Des fromages au goût de ciel
Des fromages qui goûtent le miel
Des fromages en bâtonnets
Oui vraiment, ça sent le lait

Refrain

Des fromages avec des ailes
Des fromages tourterelles
Des fromages qui disent bonne
nuit
Chut ! Sumo s'est endormi…
Chut ! Sumo s'est endormi…
Chut ! Sumo s'est endormi…

8

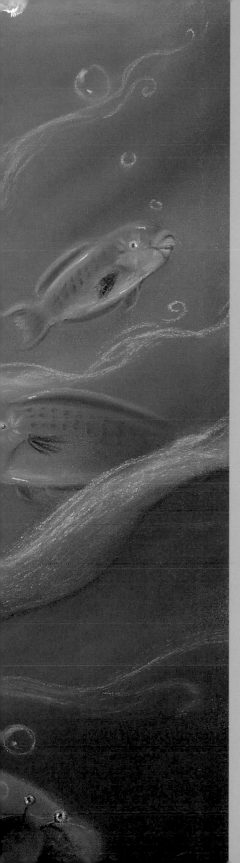

Tartelette la tortue en balade

Refrain :
Tartelette la tortue
Marche à pas très très menus
Courir, ça elle ne peut pas
Ni sauter de-ci, de-là…

Mais quand elle plonge dans
la mer
Tartelette voit le monde à
l'envers
On peut dire qu'il lui pousse
des ailes
C'est là que sa vie devient la
plus belle

Refrain

Mais quand elle nage sous l'eau
Tartelette vit un vrai rodéo
Poissons-lunes, poissons-scies,
poissons-chats
Avec elle dansent le cha-cha-cha

Refrain

Mais quand elle regarde
les étoiles
S'allumer dans le ciel ou
dans l'eau
Tartelette sait que le monde
est beau
Pour les tortues ou les bêtes
à poil !

Refrain

Tartelette la tortue
Marche à pas très très menus
Courir, ça elle ne peut pas
Mais nous, on l'adore comme ça !

Zéphyr le zèbre super-papa

Zéphyr le zèbre est le papa
De Patatras et Mimosa
Petit bobo, chagrin d'une nuit
On peut toujours compter
sur lui

Chaque matin le soleil s'éveille
Et Zéphyr dit : « Quelle merveille »
Toute la famille rit avec lui
La journée passe sans aucun
souci

Zéphyr le zèbre super-papa
On oublie tout quand il est là
Zéphyr le zèbre, plus qu'un ami
On l'aime fort, c'est pour la vie

Chaque soir la lune donne
un bisou
Sur nos deux joues, oui nos
deux joues
Papa chante un petit air très doux
On s'endort et il veille sur nous

La nuit étend ses longues ailes
Faites pour les rêves et le
sommeil
On sait que demain sera très
beau
Qu'il pleuve ou qu'il vente
notre cœur est chaud

Zéphyr le zèbre super-papa
On oublie tout quand il est là
Zéphyr le zèbre, plus qu'un ami
On l'aime fort, c'est pour la vie
On l'aime fort, c'est pour la vie

Arachide l'araignée tricoteuse

Dans un vieux tronc penché
Vit Arachide l'araignée
Une araignée vraiment très
douée
Pour tricoter, oui, tricoter!

Refrain:
Tricotent, cotent, cotent
Arachide et ses amies
Tricotent, cotent, cotent
On peut tout faire, c'est permis!
Tricotent, cotent, cotent
Arachide et ses amies
Tricotent, cotent, cotent
Pourquoi pas un beau tapis?

Arachide l'araignée
Membre du club du Fil doré
Est la meilleure pour tricoter
Les tapis faits pour s'envoler

Refrain

Le vent a tant soufflé
Sur le tapis de l'araignée
Que très très haut il a volé
Et sur la lune il est allé

Refrain

Dans un vieux tronc penché
Vit Arachide l'araignée
Une araignée vraiment très douée
Pour tricoter, pour tricoter,
oui, tricoter!

Hippolyte l'hippopo

Refrain :
Hippolyte est un hippopotame
Mais on préfère l'appeler
Hippopo
Hippopolyte est-il un hippotame ?
Non, Hyppolyte est un hippopo

Monsieur le pélican
Madame la grue blanche
Cousin l'orang-outan
Sa tante la pervenche

Tous les habitants
Du bord de l'étang
Même les éléphants
L'appellent Hippopo

Refrain

Monsieur le serpent d'eau
Madame la libellule
Cousin le gros rhino
Sa tante la campanule

Tous les habitants
Du bord de l'étang
Même les éléphants
L'appellent Hippopo

Refrain

Refrain

Hippopopopopopopopopopopopo
Hippopopopo Hippopopopopo
Hippo Hippo Hippo Hipopopopo
Hippolyte est un hippopo

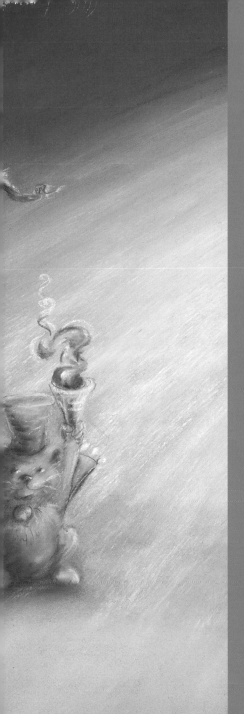

Croc-en-jambe le crocodile

Refrain :
Croc-en-jambe le crocodile
Ne vit pas sur les bords du Nil
Il vit parmi les gros crapauds
Avec une corneille sur le dos

Croc-en-jambe aime les
croquettes
Et plus encore les crêpes
Suzette
Croc-en-jambe aime la
croustade
Avec un peu de marmelade

Refrain

Croc-en-jambe aime bien
croquer
Les croque-monsieur, les
croque-madame
Croc-en-jambe aime les
croche-pieds
Mais il n'est pas un
croque-mitaine

Refrain

Croc-en-jambe aime les crevettes
Surtout celle qui s'appelle
Ginette
Pour aller la courtiser
Il est toujours bien cravaté…

Croc-en-jambe le crocodile
Ne vit pas sur les bords du Nil
Il vit parmi les gros crapauds
Avec une crevette sur le dos
Avec une crevette sur le dos
Avec une crevette sur le dos

Une girafe dans la lune

Une girafe dans la lune
C'est comme une pomme dans
les prunes
Une girafe dans la lune
Comme un poisson sur la dune

Mais quand ses amis sont là…

Refrain :
Tambours, trompettes et caetera
On fait la fête sans tralala
On chante, on danse et puis on rit
Le ciel n'est jamais vraiment gris

Une girafe dans la lune
C'est comme une roue de fortune
Une girafe dans la lune
Une princesse en robe brune

Mais quand ses amis sont là…

Refrain

Une girafe dans la lune
À chacun sa vraie chacune
Une girafe dans la lune
Comme elle il n'y en a qu'une

Oui, quand ses amis sont là…

Refrain

Le ciel est bleu, on est ravis
Et Gilda la girafe aussi
Le ciel est bleu, on est ravis
Et Gilda la girafe aussi !

Les chansons des nouveaux amis de Gilda

1. Le reel du poisson d'avril
2. Marmite la marmotte va raconter
3. Chambellan le vrai chameau
4. Éloi l'éléphanteau dompteur de souris
5. Kiki le gentil koala
6. Timothée le tigre au grand cœur
7. Lancelot le drôle de léopard
8. La berceuse de Sumo le souriceau
9. Tartelette la tortue en balade
10. Zéphir le zèbre super-papa
11. Arachide l'araignée tricoteuse
12. Hippolyte l'hippopo
13. Croc-en-jambe le crocodile
14. Une girafe dans la lune
15. Le reel du poisson d'avril – version instrumentale
16. Marmite la marmotte va raconter – version instrumenta
17. Chambellan le vrai chameau – version instrumentale
18. Éloi l'éléphanteau dompteur de souris – version instrumentale
19. Kiki le gentil koala – version instrumentale
20. Timothée le tigre au grand cœur – version instrumental
21. Lancelot le drôle de léopard – version instrumentale
22. La berceuse de Sumo le souriceau – version instrumen
23. Tartelette la tortue en balade – version instrumentale
24. Zéphir le zèbre super-papa – version instrumentale
25. Arachide l'araignée tricoteuse – version instrumentale
26. Hippolyte l'hippopo – version instrumentale
27. Croc-en-jambe le crocodile – version instrumentale
28. Une girafe dans la lune – version instrumentale